El complejo
sistema hídrico
de California

Pamela Brunskill, Ed.M.

Asesoras

Kristina Jovin, M.A.T.
Distrito Escolar Unificado Alvord
Maestra del Año

Heather Almer, M.S.
Especialista en cuencas hidrográficas/educación

Jessica Buckle
Distrito Escolar Fullerton

Créditos de publicación

Rachelle Cracchiolo, M.S.Ed., *Editora comercial*
Conni Medina, M.A.Ed., *Redactora jefa*
Emily R. Smith, M.A.Ed., *Realizadora de la serie*
June Kikuchi, *Directora de contenido*
Caroline Gasca, M.S.Ed., *Editora superior*
Marc Pioch, M.A.Ed., y Susan Daddis, M.A.Ed., *Editores*
Sam Morales, M.A., *Editor asociado*
Courtney Roberson, *Diseñadora gráfica superior*
Jill Malcolm, *Diseñadora gráfica básica*

Créditos de imágenes: pág.5 William Croyle, California Department of Water Resources; pág.6 Library of Congress [LC-DIG-pga-07709]; pág.7 Library of Congress [LC-USZC4-11554]; págs.8–9 foto de G. Thomas; págs.9 (izquierda y derecha), 31 Security Pacific National Bank Collection/Los Angeles Public Library; pág.10 [Two men examining kit of dynamite and wire found during sabotage incidents of Owens Valley Aqueduct, Calif., circa 1924], Los Angeles Times Photographic Archives (Collection 1429). UCLA Library Special Collections, Charles E. Young Research Library, UCLA.; págs.11, 32 Historical Photo Collection of the Department of Water and Power, City of Los Angeles; pág.13 (superior e inferior) PRISM Climate Group, Oregon State University; págs.14–15 Sierra Club Bulletin, vol. VI., nro. 4, enero, 1908, pág. 211; pág.16 (primer plano) Library of Congress [LC-DIG-ggbain-06861]; págs.18–19 trekshots/Alamy Stock Photo; pág.19 (superior) Aerial Archives/Alamy Stock Photo; pág.20 Jonathan Alcorn/REUTERS/Newscom; págs.22–23 Reed Kaestner/Getty Images; pág.26 (inferior) Leigh Green/Alamy Stock Photo; pág.28 Bob Kreisel/Alamy Stock Photo; todas las demás imágenes cortesía de iStock y/o Shutterstock.

Library of Congress Cataloging-in-Publication Data

Names: Brunskill, Pamela, author.
Title: El complejo sistema hídrico de California / Pamela Brunskill, Ed.M.
Other titles: California's complex water system. Spanish
Description: Huntington Beach : Teacher Created Materials, Inc., 2020. | Audience: Grade 4 to 6 | Summary: "Water in California is complex. Some areas have a lot. Others don't have enough. Water must be stored and moved to where it is needed. This allows people to survive and helps the economy grow"-- Provided by publisher.
Identifiers: LCCN 2019016060 (print) | LCCN 2019981339 (ebook) | ISBN 9780743912822 (paperback) | ISBN 9780743912839 (ebook)
Subjects: LCSH: Waterworks--California--Juvenile literature. | Water-supply--California--Juvenile literature.
Classification: LCC TD224.C3 B7818 2020 (print) | LCC TD224.C3 (ebook) | DDC 333.91009794--dc23

Teacher Created Materials

5301 Oceanus Drive
Huntington Beach, CA 92649-1030
www.tcmpub.com

ISBN 978-0-7439-1282-2

Contenido

La valiosa agua de California

El agua es un **recurso** muy preciado. Sale de los grifos y llena piscinas.

Los californianos necesitan agua para todo. Los agricultores necesitan agua para sus cultivos. Las empresas necesitan agua para hacer productos. Las personas necesitan agua para cocinar y para limpiar. El agua permite que California crezca y **prospere**. La **economía** de California es la más grande de Estados Unidos. De hecho, es una de las más grandes del mundo, y todo esto es posible gracias al agua.

El cultivo de alimentos

Alrededor de la mitad de las frutas, las verduras y los frutos secos de Estados Unidos se cultivan en California. Son muchos alimentos. La agricultura necesita una gran cantidad de agua.

La extensa costa de California bordea el océano Pacífico.

Pero el agua no siempre está disponible. A veces se debe **conservar**. En algunos lugares del estado, puede llover poco o no llover en absoluto durante muchos meses. Los canales y las bombas de agua almacenan y transportan el agua a las ciudades, las granjas y las empresas.

¿Quiénes son los usuarios del agua? ¿De dónde viene el agua del estado? ¿Cómo se conserva el agua?

¡Más que un chorrito de agua!

La presa de Oroville es la más alta de Estados Unidos. Con 770 pies (235 metros) de altura, ¡es incluso más alta que el puente Golden Gate! La presa controla más de 1 billón de galones (3.7 billones de litros) de agua.

En 2017, las fuertes lluvias dañaron uno de los **aliviaderos** de emergencia de la presa de Oroville.

¡Agua del valle de Owens!

Durante el **siglo** XVIII y principios del siglo XIX, Los Ángeles usó su propio río para obtener agua. Cuando la ciudad creció, ese río ya no fue suficiente para abastecer a la cantidad de personas que vivían allí.

Crecimiento de Los Ángeles

En 1842, se encontró oro cerca de Los Ángeles y las personas comenzaron a llegar en busca de riquezas. En 1850, la ciudad tenía 1,610 habitantes. Diez años más tarde, vivían 4,385 personas allí. Cada vez más personas se mudaban a la ciudad. A comienzos del nuevo siglo, ¡más de 100,000 personas se habían trasladado allí!

Las empresas prosperaron. A la gente le gustaba vivir en la zona. Pero no había mucha agua. Los arroyos y los pozos de agua locales se estaban agotando. El río Los Ángeles ya no era suficiente para la creciente **población**. La ciudad temía que hubiera una crisis de agua.

Los habitantes necesitaban más agua. Las autoridades buscaron una forma de traer agua de fuera de la ciudad. De ese modo, la ciudad podría crecer; las personas podrían llegar a Los Ángeles y soñar con hacerse ricos.

No todo lo que es oro brilla

En 1848, se encontraron las primeras pepitas de oro en la propiedad de John Sutter. Sutter intentó mantener el descubrimiento en secreto, pero la noticia se difundió. Su tierra fue invadida por hombres que buscaban fortuna. Sutter había perdido todo en 1852, mientras otros se hacían ricos.

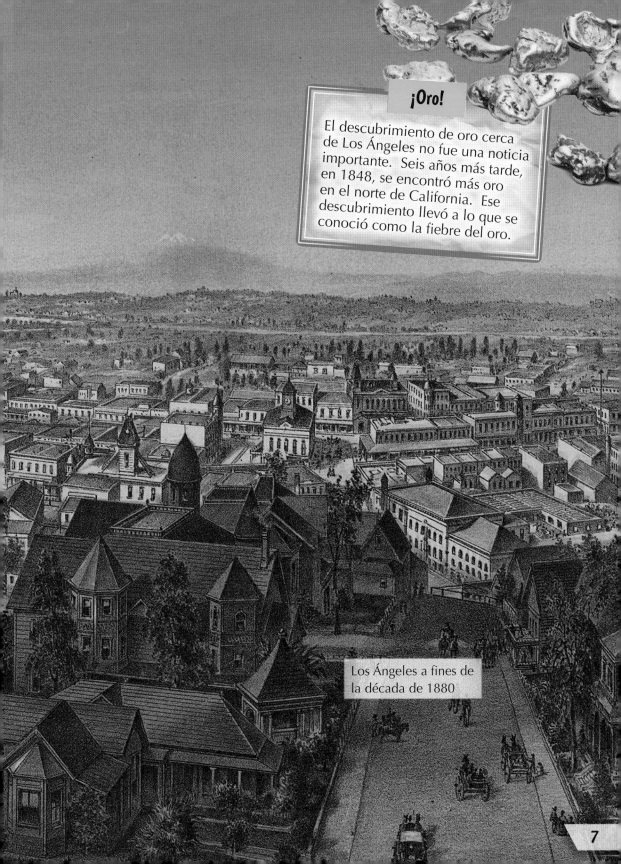

¡Oro!

El descubrimiento de oro cerca de Los Ángeles no fue una noticia importante. Seis años más tarde, en 1848, se encontró más oro en el norte de California. Ese descubrimiento llevó a lo que se conoció como la fiebre del oro.

Los Ángeles a fines de la década de 1880

el valle de Owens

William Mulholland se ocupaba de obtener agua para Los Ángeles. Estaba preocupado, y también lo estaba Fred Eaton, el exalcalde de la ciudad. Los dos idearon un plan para obtener agua del valle de Owens. Este valle se encuentra en la parte este y la parte central del estado. Mulholland e Eaton pensaron que podrían llevar el agua hacia el sur por medio de un **acueducto**.

Pero había un problema con esa idea. Los habitantes del valle de Owens ya tenían planes para su agua. Los agricultores y los ganaderos querían el agua para sus propios cultivos y animales. Querían mejorar sus sistemas de **irrigación**.

Tácticas dudosas

Eaton habló con personas en el poder. Les informó que el agua se usaría mejor en el sur. Eaton además compró derechos sobre el uso de la tierra y el agua en el valle de Owens. Los habitantes del valle creyeron que Eaton compraba esos derechos para el proyecto de ellos, pero no era así. Los derechos eran para Los Ángeles.

La Ley de Recuperación

En 1902, se aprobó la Ley de Recuperación. La ley dispuso la creación de una agencia del gobierno. El objetivo de este grupo era ayudar a los agricultores privados a obtener el agua que necesitaban. Pero la ley no ayudó a los habitantes del valle de Owens.

Civismo

Fred Eaton

William Mulholland

Una larga amistad

Eaton había sido el jefe de Mulholland cuando ambos trabajaban en una compañía hídrica de Los Ángeles. Mulholland comenzó limpiando zanjas. Causó una buena impresión en Eaton por su **ética de trabajo**. Por eso, Eaton lo ayudó a crecer en la compañía.

El acueducto de Los Ángeles

En 1905, Mulholland e Eaton obtuvieron lo que querían. Los planes para tener un sistema de irrigación en el valle de Owens se dejaron de lado y se aprobó un acueducto.

En 1908, se comenzó a trabajar en el acueducto. Transportaría el agua 200 millas (322 kilómetros) hacia el sur. El agua llegaría hasta Los Ángeles.

El agua recorría todo el camino hasta el valle de San Fernando. El acueducto de Los Ángeles se construyó para abastecer de agua a millones de personas. Eso hizo posible un crecimiento enorme.

Reacción explosiva

En el valle de Owens, las personas estaban furiosas por la venta de su agua. La situación empeoró cuando sus granjas se quedaron sin agua. Sus tierras solían ser ricas y verdes. Pero al poco tiempo quedaron resecas y marrones. Las personas del valle mostraron lo furiosas que estaban. En 1924 y 1927, unos **manifestantes** hicieron explotar partes del acueducto.

Estos hombres estudian dinamita encontrada después de una explosión en el acueducto.

¡Tómenla!

En 1913, el acueducto de Los Ángeles era el más grande del mundo. Durante la ceremonia de inauguración, Mulholland señaló el agua que salía del acueducto. Le dijo a la multitud: "Ahí está. ¡Tómenla!".

Un grupo de hombres ayudan a construir el acueducto.

Las guerras del agua

El sistema **hídrico** de California está formado por tuberías, túneles, canales, presas y bombas de agua. Se extiende hasta zonas remotas del estado. El sistema genera empleos en esas zonas. Con una instalación tan grande, afecta a muchas personas. Da lugar a que existan muchos puntos de vista. El conflicto del valle de Owens no fue la única vez que las personas se enfrentaron por el derecho al agua. Fue solo el comienzo.

El norte contra el sur

Las guerras del agua se suelen describir como un conflicto entre el norte y el sur de California. La mayor parte del agua del estado se encuentra en el norte. Pero las personas del sur usan la mayor cantidad del agua. Las personas que viven en el norte están preocupadas. Temen que el estado prefiera llevar su agua a las personas y las empresas del sur. Los habitantes del sur dicen que necesitan el agua para sobrevivir y para que el estado prospere.

vides en el norte de California

lechuga en el sur de California

Cultivos de California

Los estadounidenses dependen de los cultivos de California. El estado es el principal productor de uva, lechuga, aguacate, tomate y fresa. Los frutos secos son un gran negocio para muchos agricultores. Casi todas las almendras, los pistachos y las nueces del país se cultivan en California.

Economía

El norte de California

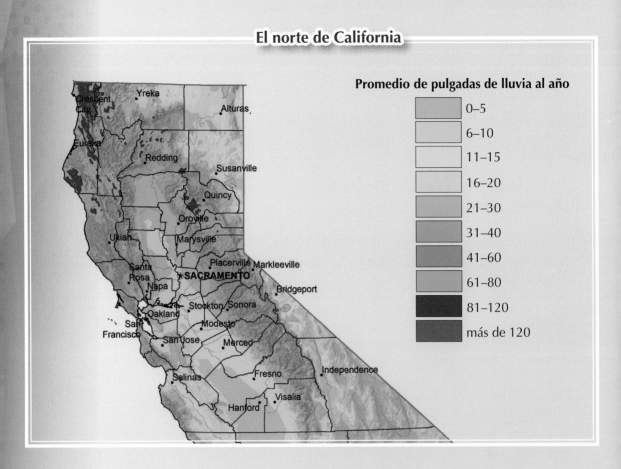

Promedio de pulgadas de lluvia al año

- 0–5
- 6–10
- 11–15
- 16–20
- 21–30
- 31–40
- 41–60
- 61–80
- 81–120
- más de 120

El sur de California

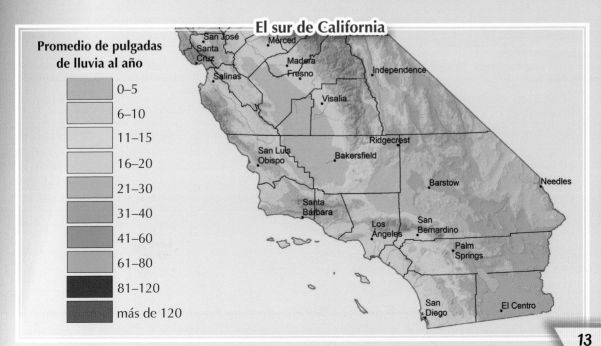

Promedio de pulgadas de lluvia al año

- 0–5
- 6–10
- 11–15
- 16–20
- 21–30
- 31–40
- 41–60
- 61–80
- 81–120
- más de 120

Las dos regiones tienen razón. El conflicto se centra en dónde está el agua y en dónde se necesita. Y las guerras del agua no solamente son entre el norte y el sur.

A principios del siglo xx, San Francisco crecía rápidamente. Necesitaba más agua. Entonces, la ciudad miró hacia el este.

El valle de Hetch Hetchy

El valle de Hetch Hetchy está en el parque nacional Yosemite. Tiene acantilados de **granito** y dos de las cascadas más altas de América del Norte. Allí han vivido indígenas desde hace 6,000 años. El valle es una joya de la naturaleza.

Esta fotografía muestra la belleza del valle antes de que se construyera la presa.

Algunas personas querían construir una presa en Hetch Hetchy y crear un **embalse** para la ciudad. ¿Cuánto costaría obtener el agua? En este caso, no se trataba de dinero. Era un enorme costo para el medioambiente. La construcción de una presa devastaría el valle. Si se talaban todos los árboles y se inundaba el valle, se destruirían las plantas y los animales.

Agua costosa

Tras la fiebre del oro, San Francisco tuvo que comprar agua para satisfacer las necesidades de sus habitantes. En ese momento, la cubeta de agua costaba $1. ¡Hoy eso equivale a unos $26!

Economía

Otra pérdida

Los indígenas estaban preocupados por el impacto que la presa tendría en sus vidas. Perderían sus zonas de caza. Muchas de las plantas que comían o que usaban para hacer canastas desaparecerían. Las tierras sagradas donde enterraban a sus muertos también se verían afectadas.

Geografía

Conservar o preservar

El gobierno de Estados Unidos protegía el valle de Hetch Hetchy. Pero las personas igualmente se enfrentaron por las tierras. Los **conservacionistas** decían que el valle se debía usar para ayudar a las personas. Los residentes de San Francisco querían que se construyera una presa. Decían que ayudaría a mantener fuerte su ciudad.

Sierra Club

John Muir fundó la organización Sierra Club en 1892. Por medio de este grupo, pidió que las personas escribieran a los funcionarios del gobierno para oponerse a la presa en Hetch Hetchy. Sierra Club perdió la batalla.

Los **preservacionistas** decían que la tierra se debía proteger. John Muir lideraba este grupo. Pensaba que Hetch Hetchy era un lugar para ser disfrutado solo por su belleza. Ambos grupos escribieron al Congreso pidiendo ayuda.

En 1913, el Congreso decidió permitir la construcción de la presa. El valle de Hetch Hetchy abastecería de agua a San Francisco y el área de la bahía. El crecimiento potencial de la región triunfó sobre el medioambiente. El proyecto tardó 25 años en terminarse. San Francisco sigue recibiendo agua de la presa.

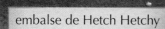

embalse de Hetch Hetchy

Un sistema de parques nacionales

Los intentos por salvar el valle de Hetch Hetchy hicieron que las personas comenzaran a pensar en la preservación de los parques. Así, se creó el Servicio de Parques Nacionales. Este grupo se formó en 1916.

Civismo

El sistema hídrico y la economía

California tiene un gran sistema hídrico. El sistema incluye muchos acueductos; es uno de los más grandes del país. Se invierte mucho dinero en su funcionamiento. Por lo tanto, tiene un gran impacto en la economía del estado.

La construcción de la presa y el embalse de Hetch Hetchy costó más de $100 millones. Generó puestos de trabajo en las áreas cercanas. Así como sucedió con el acueducto de Los Ángeles, permitió el crecimiento. Con el sistema instalado, más personas y empresas podían ir a San Francisco.

Lo mismo sucede con todos los sistemas hídricos. Se necesitan personas para construirlos, manejarlos y repararlos. Una vez que los sistemas están funcionando, las empresas pueden crecer. Eso es muy importante en las ciudades donde el agua es escasa.

Los dos bandos en las guerras del agua

Las guerras del agua no solo se dan entre el norte y el sur de California. También se dan entre las personas que quieren conservar y las que quieren preservar. Y además, se dan entre las áreas **rurales** y las ciudades.

¡A bombear!

Obtener agua requiere mucha **energía**. El agua debe ser bombeada, tratada y distribuida a las personas. Alrededor del 20 por ciento de la energía del estado se destina a obtener agua.

planta de tratamiento de agua

El costo del agua

Llevar agua de un lugar a otro es caro. Mantener el sistema hídrico le cuesta al estado $600 millones por año. El sistema lleva agua a más de la mitad de la población del estado.

Economía

En todo el estado hay acueductos como este que van desde las montañas hasta las ciudades.

Los sistemas hídricos y el medioambiente

El sistema hídrico de California ayudó al estado a crecer y prosperar. Esto es bueno. Pero la construcción de presas, tuberías y plantas de tratamiento de aguas tiene un impacto en el medioambiente. Esto no siempre es bueno.

En 1941, el acueducto de Los Ángeles se extendió al norte del valle Owens. Llegó al lago Mono. En los siguientes 40 años, el nivel de agua del lago cayó. El lago perdió la mitad de su volumen. Se duplicaron sus niveles de sal. Eso dañó el **ecosistema**. Los patos y los gansos dejaron de ir al lago. La población de peces disminuyó.

Hoy en día, las personas que se preocupan por el medioambiente luchan contra la construcción de nuevas presas. Dicen que las presas ya han hecho bastante daño. Las autoridades del estado intentan equilibrar las necesidades. Deben tener en cuenta las necesidades de los seres humanos, la economía y el ecosistema.

Unos soldadores reparan una tubería que se reventó.

Mantener el sistema

Muchas personas dependen del sistema hídrico de California. Las cañerías y las redes de agua necesitan reparactiones o renovaciones. Con un mantenimiento de rutina, los habitantes del estado seguirán teniendo agua dulce limpia.

Un lago de agua salada

El lago Mono es un lago de agua salada ubicado cerca del parque nacional Yosemite. Es conocido por la gran cantidad de formaciones rocosas singulares que rodean el lago. El agua del lago bajó a niveles peligrosos debido a la **sequía**. Pero las abundantes lluvias de 2016 y 2017 ayudaron. ¡El nivel de agua del lago subió significativamente!

En el lago Mono, las plantas están cubiertas de sal.

Soluciones alternativas

Los expertos están buscando nuevas formas de llevar agua donde se la necesita. Dos opciones son quitar la sal del agua salada y reciclar el agua.

¿Beber el mar?

California está junto al océano Pacífico. Pero el agua del océano no se puede beber. Por lo tanto, los científicos han estado trabajando para poder transformar el agua salada en agua dulce.

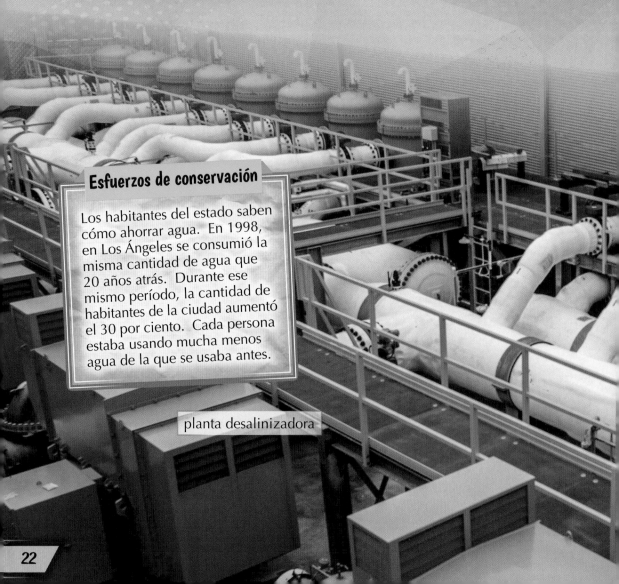

Esfuerzos de conservación

Los habitantes del estado saben cómo ahorrar agua. En 1998, en Los Ángeles se consumió la misma cantidad de agua que 20 años atrás. Durante ese mismo período, la cantidad de habitantes de la ciudad aumentó el 30 por ciento. Cada persona estaba usando mucha menos agua de la que se usaba antes.

planta desalinizadora

La desalinización es el proceso de quitarle la sal al agua. No es algo nuevo. Es una práctica común desde la antigüedad. La manera más básica de hacerlo es hervir el agua salada en una olla, atrapar el vapor y dejar que ese vapor se vuelva a convertir en agua. Esa agua se puede beber.

Hoy en día, quitar la sal del agua del océano a gran escala es costoso. Se necesita mucha energía y se deben usar grandes instalaciones, pero se puede hacer. El condado de San Diego construyó una planta desalinizadora en 2015. Costó $1,000 millones. La planta ayuda a proteger a la ciudad de las sequías.

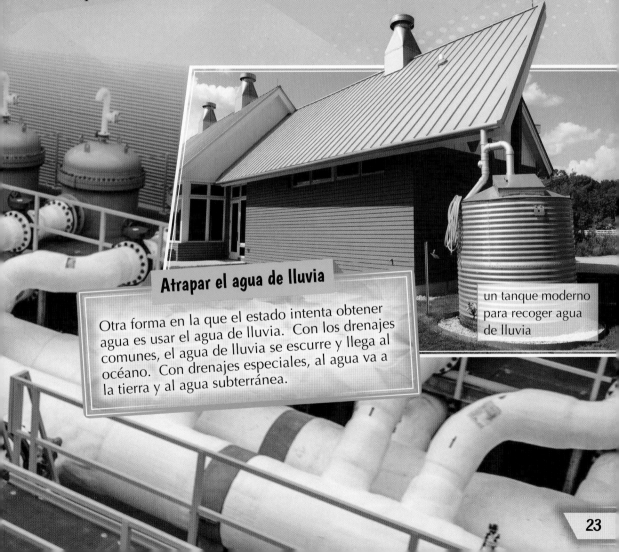

Atrapar el agua de lluvia

Otra forma en la que el estado intenta obtener agua es usar el agua de lluvia. Con los drenajes comunes, el agua de lluvia se escurre y llega al océano. Con drenajes especiales, al agua va a la tierra y al agua subterránea.

un tanque moderno para recoger agua de lluvia

Agua reciclada

¿Quieres beber agua de las alcantarillas? ¿Y agua de la orina? Puede parecer asqueroso, pero se puede hacer.

California sigue una serie de pasos para limpiar este tipo de agua. Se llama tratamiento del agua. El agua residual pasa por filtros. Eso le quita los residuos más grandes. Luego, pasa por tanques. Allí, los elementos pesados que tiene el agua se hunden y los livianos flotan. Luego, el agua se debe **desinfectar**. Así, mueren las **bacterias**. Después de pasar por este tratamiento, el agua se puede beber.

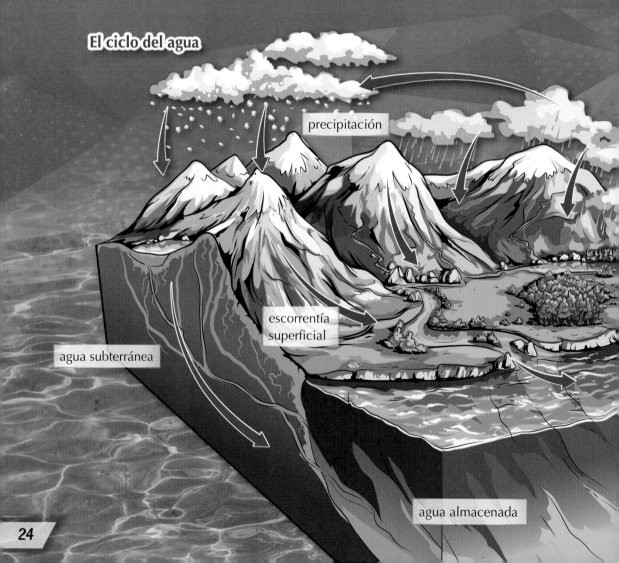

El ciclo del agua

precipitación

escorrentía superficial

agua subterránea

agua almacenada

Un precio justo

Las autoridades de California deben pensar más en cuánta agua se necesita y cómo obtenerla. Las personas necesitan agua. La tierra y los animales necesitan agua. Las empresas necesitan agua. No hay una respuesta sencilla para el problema del agua en el estado.

El número de habitantes en el estado sigue creciendo. Dadas las necesidades de los seres humanos y los animales, ¿cuál es el precio justo para el agua?

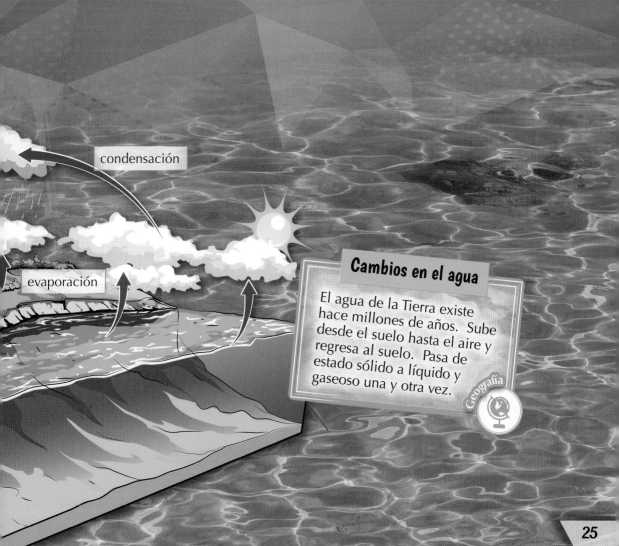

condensación

evaporación

Cambios en el agua

El agua de la Tierra existe hace millones de años. Sube desde el suelo hasta el aire y regresa al suelo. Pasa de estado sólido a líquido y gaseoso una y otra vez.

Geografía

El futuro del agua en California

Los californianos han estado conservando el agua durante décadas. Tienen inodoros que usan poca agua. Compran máquinas que no consumen mucha agua. Siguen reglas sobre cómo usar el agua. Este esfuerzo no es suficiente.

Los acueductos del estado no se llenan a la misma velocidad con la que se usan. Y las sequías han asolado al estado durante años. En 2016, California entró en su quinto año consecutivo de sequía. El estado ha padecido sequías en el pasado. Es probable que esta tendencia continúe en el futuro.

La sequía afecta a las personas y los negocios. La agricultura, la energía y el turismo son solo algunas industrias que se perjudican con la sequía. El Estado Dorado debe hacer algo más para satisfacer su necesidad de agua.

Reglas

Los habitantes de California están acostumbrados a las sequías. Por eso, usan el agua con cuidado. Aun así, hay reglas para el uso del agua. Cada ciudad tiene sus propias reglas.

Límites para el agua

En 2015, el gobernador Jerry Brown les dijo a los habitantes del estado que redujeran el consumo de agua. El sitio web del gobierno del estado contiene noticias e información sobre el agua. Visita drought.ca.gov y echa un vistazo.

Civismo

El lago Mead es un embalse del que California obtiene agua. Tuvo niveles de agua muy bajos durante la sequía.

¡Debátelo!

¿Qué soluciones hay para el problema del agua en California? Escoge una solución posible que crees que ayudaría a satisfacer las necesidades de los habitantes, las empresas y el medioambiente.

Desarrolla un argumento sobre por qué California debería invertir en tu idea. Usa lo que has aprendido sobre la historia de las guerras del agua para que tu argumento sea más sólido.

Haz una lista de las ventajas y las desventajas de tu solución.

Un letrero indica que los granjeros y sus cultivos están gravemente afectados por las sequías.

29

Glosario

acueducto: un canal hecho por el ser humano que lleva agua de un lugar a otro

aliviaderos: estructuras construidas para que el agua sobrante pueda salir en forma segura

bacterias: pequeños seres vivos que pueden causar enfermedades

conservacionistas: personas que buscan proteger los recursos naturales para su uso posterior

conservar: usar algo con cuidado y no desperdiciarlo

desinfectar: limpiar; destruir los gérmenes

economía: el sistema de compra y venta de bienes y servicios

ecosistema: los seres vivos y los elementos sin vida que hay en un medioambiente

embalse: un lago en el que se almacena una gran cantidad de agua para su uso

energía: la capacidad de transformar o mover algo; proviene de distintas fuentes, como el calor, la electricidad, el viento o el sol

ética de trabajo: una creencia firme en el valor del trabajo

granito: una roca muy dura que se usa en monumentos, edificios y casas

hídrico: relacionado con el agua

irrigación: la acción de regar la tierra con agua tomada de arroyos, ríos o lagos

manifestantes: personas que dicen o hacen cosas para expresar su desacuerdo con algo

población: el número total de personas o animales que hay en un área

preservacionistas: personas que buscan proteger las tierras y mantenerlas en buenas condiciones

prospere: tenga más éxito, generalmente al producir más dinero

recurso: algo que un país tiene y puede usar

rurales: del campo o el área que rodea a un pueblo o una ciudad

sequía: un período largo de tiempo seco

siglo: un período de 100 años

Índice

¡Tu turno!

Se necesita ayuda

Los habitantes del valle de Owens querían que el agua se quedara en el valle. Los habitantes de Los Ángeles decían que necesitaban el agua.

Imagina que vives en esa época. Escoge a qué bando apoyarás. Crea un cartel que explique por qué para ustedes es importante usar el agua del valle de Owens. Usa imágenes para que tu cartel sea atractivo.